Christine Lange

Sattelkunde

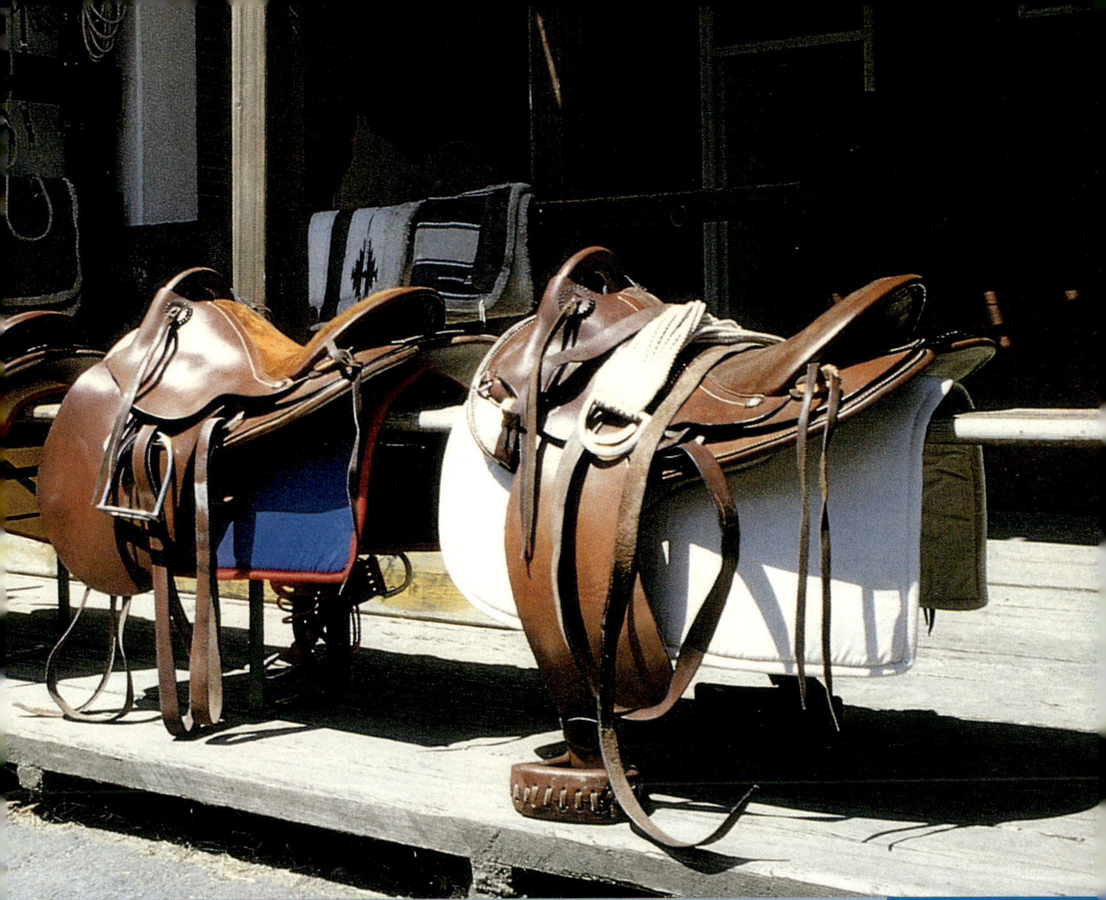

Christine Lange

Sattelkunde

BLV
Freizeit **REITEN**

Inhalt

Zum Thema

Von der Wahl des Satteltyps …

… über die richtige Pflege

...bis hin zu seinen Einsatzbereichen

...gibt es zum Thema Sattel eine Fülle interessanter Informationen.

Praxis-Wissen

Ein paar Gedanken vorab ...

Reiten »ganz ohne« ... Wer träumt nicht davon, auf dem nackten Pferderücken über die Wiesen zu galoppieren und dabei die Wärme des Pferdekörpers zu spüren! Zweifellos ist ein Ritt auf einem ungesattelten Pferd ein besonderes Erlebnis. Doch er muss eine Ausnahme bleiben – zu Ihrer eigenen Sicherheit und zum Wohl Ihres Tieres. Denn nur mit Sattel können Sie richtig reiten. Er ist der wichtigste Teil der Reitausrüstung. Lassen Sie sich daher in die faszinierende Welt der Sattlerwaren entführen: Sie lernen verschiedene Satteltypen kennen. Sie erfahren, wie ein Sattel aufgebaut ist und welche Materialien dafür verwendet werden. Und ohne das richtige Zubehör ist kein Sattel perfekt: Sattelgurt und Steigbügel gehören immer dazu – manchmal empfiehlt sich auch die Verwendung eines Vorder- oder Hintergeschirrs oder eines Schweifriemens. Doch damit ist das Thema Sattel noch lange nicht abgehandelt. Schließlich gibt es noch andere wichtige Fragen zu beantworten. Etwa: Welcher Sattel ist für Sie und Ihr Pferd überhaupt der richtige? Denn wenn Sie als Freizeitreiter beispielsweise Freude am dressurmäßigen Reiten haben, werden Sie langfristig einen anderen Sattel verwenden als Ihr Reiterkollege, der beinah jedes Wochenende zum Wanderritt startet. Oder: Wo kaufen Sie einen guten Sattel ein? Welche Methoden helfen Ihnen, die Passform des Sattels zu überprüfen?

Und hängt das gute – und vielleicht auch teure – Stück endlich in Ihrer Sattelkammer, kommt es auf die sorgsame Pflege an, damit die Schönheit des Sattels möglichst lange bewahrt wird.

Doch keine Angst – auf den kommenden Seiten finden Sie auf jede Frage eine Antwort. Ich wünsche Ihnen also viel Spaß bei der Lektüre dieses Ratgebers und viel Erfolg bei der Suche nach dem Sattel, der Ihnen und Ihrem Pferd entspannte und zufriedene Ritte schenkt.

Wozu Sattelzeug?

Sie kennen das Gefühl, ohne Sattel zu reiten? Bei jeder Bewegung gleiten Sie dabei nach vorn in Richtung Widerrist. Beim Zurücklehnen stoßen Ihre Beine gegen Schulter oder Beine Ihres Pferdes. Ihr Pferd versucht sich Ihrem Schwanken anzupassen, belastet seine Vorhand, legt sich auf den Zügel und wird eilig. Das macht Sie unsicher. Sie werden in der Hüfte steif, ziehen die Schultern hoch, Ihre Rückenmuskulatur verspannt sich, Ihr Gesäß beginnt auf und ab zu klappen, Ihre Hände werden unruhig und stören das Pferd im Maul. Irgendwann klammern Sie sich mit den Unterschenkeln fest. Der Druck treibt Ihr Pferd ungewollt vorwärts: ein Teufelskreis!

Blick in die Geschichte

Ähnliche Erfahrungen machten wohl auch unsere Vorfahren, als sie das Pferd als Reittier entdeckten. Zunächst benutzten sie zum Reiten Felle, Decken, Reitkissen und Kissensättel. Die Kelten ritten dann bereits auf filzgepolsterten Sattelkissen über einem hölzernen Sattelbaum mit zwei hornförmigen Knäufen.

In diesem Sattel saß der Reiter sicher und konnte präzise auf das Pferd einwirken. Der Reiter hatte immer eine Hand für die Waffe frei; an den Knäufen konnte er Gepäck oder erlegtes Wild befestigen. Daher wundert es nicht, dass sich dieser Satteltyp über ganz Europa ausbreitete und zum Vorbild der mittelalterlichen Streitsättel wurde. Die später entwickelten Reise- und Jagdsättel sind Vorläufer unserer modernen Sport- und Gebrauchssättel.

Unsere Vorfahren benutzten Felle als Sitzunterlagen.

Schutz für das Pferd

Ob sich die ersten Sattelbauer Gedanken über die Belastbarkeit des Pferde-rückens gemacht haben? Die heutigen Reiter wissen, dass das Pferd von Natur aus ein Lauf- und kein Lasttier ist. Es muss erst lernen, Ihr Gewicht zu tragen, ohne sich dabei zu verkrampfen. Nur wenn es den Rücken dehnt, hebt er sich zu einer Art »Wirbelbrücke« und damit in eine tragfähige Position. Beim Reiten ohne Sattel ist dies kaum möglich. Daher soll der Sattel Ihr Pferd vor Verspan-nungen schützen, indem er Sie im Gleichgewicht über den Schwerpunkt des Pferdes setzt. Es ist also wichtig, dass er genau zur individuellen Anatomie Ihres Pferdes passt – vor allem zu seiner Ober- und Unterlinie, zur Ausformung seiner Schulter und zu seiner Rippenwölbung.

Sicherheit und Bequemlichkeit für den Reiter

Der passende Sattel setzt den Reiter richtig und sicher aufs Pferd.

Sie selbst fühlen sich in einem gut passenden Sattel sicher auch viel wohler als auf einem ungesattelten Pferd. Im Sattel können Sie mit der Bewegung elastisch

mitschwingen und auf Ihr Pferd einwirken. Mit tiefem Knie, lockerer Schulter, ruhiger Hand und gerader Kopfhaltung sitzen Sie bequem, also zwanglos, und werden auch bei längeren Ritten nicht so schnell müde. Diese Zwanglosig-keit ist sehr wichtig, denn Ihr Pferd spürt jede Ihrer Muskelverspannungen und reagiert sei-nerseits mit Verspannung darauf. Außerdem gibt ein Sattel Ihnen bei extremen Bewegungen Halt – beispielsweise bei steilen Auf- und Ab-stiegen, über einem Hindernis, aber auch wenn Ihr Pferd erschrickt und zur Seite springt.

Funktionalität

Es gibt verschiedene Sättel mit bestimmten Funktionen: Ein Dressursattel unterstützt die feine Verständigung mit dem Pferd, ein Springsattel trägt Sie sicher über schwierige Sprünge, ein Wandersattel muss tagelange Ritte mit Gepäck ermöglichen, ohne dass Ihr Pferd darunter leidet. Vor jedem Sattelkauf sollten Sie also Ihre Reitgewohnheiten beobachten. Erst wenn Sie genau wissen, was Sie mit Ihrem Pferd unternehmen wollen, können Sie bestimmen, welche Aufgaben Ihr Sattel erfüllen soll.

Materialien und Verarbeitung

Es gibt Sättel aus Leder und modernen High-Tech-Materialien. Jedes Material hat bestimmte Eigenschaften und stellt andere Ansprüche an die Pflege. Die hohe Qualität des Materials ist ein wichtiger Sicherheitsfaktor, denn billige Ausgangsprodukte ermüden schnell und werden brüchig. Und ein gerissener Bügelriemen kann Sie schlimmstenfalls Ihr Leben kosten! Auch eine sorgfältige Verarbeitung ist unverzichtbar: Wichtig sind gleichmäßige Polsterung, exakte Nähte aus starken Zwirnen, glatt verarbeitete Kanten und sorgsam eingepasste stabile Metallteile wie Ösen, Schnallen und Haken. Jeder Fehler in der Verarbeitung kann einen Unfall auslösen!

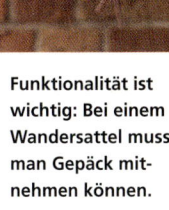

Funktionalität ist wichtig: Bei einem Wandersattel muss man Gepäck mitnehmen können.

!

Merke:

Kriterien, die ein Sattel erfüllen muss:
- Er muss zur Anatomie des Pferdes passen.
- Der Reiter muss darin korrekt, sicher und ermüdungsfrei sitzen.
- Er muss für den Verwendungszweck geeignet – also funktional – sein.
- Und er muss aus guten, strapazierfähigen Materialien sorgfältig gearbeitet sein.

Moderne Satteltypen

Die modernen Satteltypen sind aus den Sätteln entstanden, die unsere Vorfahren für unterschiedliche Verwendungszwecke entwickelt haben.

Gebrauchs- oder Arbeitssättel

Wie Sie bereits wissen, gab es Kampf- und Jagdsättel, deren Sitze vorn und hinten stark hochgezogen, also ausgeprägt »gezwieselt« waren. Diese Sättel waren ideal für die Verteidigung – gegen feindliche Krieger ebenso wie gegen Wildschweine oder andere Wildtiere. Der Reiter wirkte vor allem durch Gewichtsverlagerung auf sein Pferd ein. Eine Hand hatte er immer frei für seine Streit- oder Jagdwaffe.

Aus diesem Satteltyp sind die meisten der so genannten Hirtensättel entstanden, die es heute noch überall auf der Welt gibt und die zu den Gebrauchs- oder Arbeitssätteln zählen. Zu ihnen gehören der kalifornische und der texanische Westernsattel, der Camarguesattel des Gardian, des südfranzösischen Rinderhirten, der iberische Stierkampfsattel und die Hirtensättel Südeuropas (zum Beispiel der maremmanische Hirtensattel der Stierhüter der Maremma), Asiens sowie Mittel- und Südamerikas (zum Beispiel der argentinische Gauchosattel).

Gebrauchssättel: texanischer Arbeitssattel (links); maremmanischer Hirtensattel (rechts).

Sportsättel

Doch auch unsere modernen Sportsättel sind Weiterentwicklungen einstiger Gebrauchssättel. Sie wurden für die Jagd auf Vögel und schnell flüchtendes Wild gebaut, das man mit Wurfpfeilen, Pfeil und Bogen oder Beizfalken zur Strecke brachte. Im leichten Vorwärtssitz hielt der Jäger sein Gleichgewicht über dem schnell galoppierenden Pferd. Ein solcher Sitz war nur in einem flach gezwieselten Sattel möglich, vor allem, wenn der Reiter dabei Hindernisse überspringen musste.

Auch dieser Reitstil hat sich über die Jahrtausende erhalten. Er wurde von der modernen Kavallerie übernommen und prägt unseren modernen Dressur-, Spring- und Geländereitsport. Zu diesen flach gezwieselten Sportsätteln zählen Dressur-, Spring- und Vielseitigkeitssättel ebenso wie die modernen Töltsättel für Gangpferde.

Auch Sportsättel – hier ein Vielseitigkeitssattel – sind aus Gebrauchssätteln entstanden.

Mischformen

Natürlich sind im Laufe der Jahrtausende auch einige Mischformen entstanden, also Sättel, die weder ganz dem einen noch dem anderen Typ zuzuordnen sind. Ein Beispiel ist der australische Stocksattel. Er ist nicht, wie viele Laien meinen, eine Spielart des Westernsattels. Vielmehr wurde er aus dem englischen Sattel entwickelt, den die britischen Einwanderer nach Australien mitbrachten. Zum Hüten der riesigen Schafzuchten down under brauchte man einen Hirtensattel. Also wurde der englische Sattel im Laufe der Zeit so verändert, dass der Reiter in ihm auch auf langen Strecken bequem und sicher sitzen konnte.

Die isländischen Schafzüchter hatten ähnliche Bedingungen wie die australischen. Bei ihren Ritten über Lavawüsten und Bergweiden brauchten sie einen komfortablen Sattel, der ihren flinken Pferden zugleich das freie Schwingen der Schulter im Tölt erlaubte. Aus ihren Gebrauchssätteln sind die heutigen Gangpferdesättel entstanden, die wiederum zu den Sportsätteln zählen.

Dieser Wandersattel ist eine Mischung aus Gebrauchs- und Sportsattel.

Reisesättel

Immer schon gab es unterschiedliche Reisesättel. Manche ähnelten dem Gebrauchssattel, andere dem Jagd- und Sportsattel, vor allem, wenn sie für Tölt und Pass gehende Pferde benutzt wurden. Ihre modernen Vertreter – die Trekking-Sättel – verbinden häufig die Vorteile beider Sattelformen: Sie haben die breite Auflagefläche des Hirtensattels, die das Gewicht von Sattel und Reiter besser auf dem Pferderücken verteilt, und die flache Zwieselung des Sportsattels, die das Überwinden von Geländehindernissen erleichtert, und den Reiter näher ans Pferd bringt.

Kinder- und Jugendsättel

Auch Kinder gehören bereits zu den passionierten Reitern. Aber die Sättel der Erwachsenen sind für sie einfach nicht passend. Sie rutschen darauf hin und her und ihre Beinchen reichen nur knapp bis zum Ende des Sattelblatts. Daher bieten viele Sattelhersteller spezielle Kinder- und Jugendreitkissen sowie

-reitsättel an. Diese Sättel orientieren sich vom Aufbau her entweder an Arbeitssätteln oder Sportsätteln. Sie sind auf die Maße und Bedürfnisse der jungen Reiter und deren kleinere Pferde zugeschnitten.

Damensättel

Eine Sonderstellung nimmt der Damensattel ein. Er wurde für die im langen Rock reitende Dame entwickelt. Im Damensattel nimmt die Reiterin seitlich Platz und legt das rechte Bein über ein dafür angebrachtes Horn. Auf der linken Sattelseite befindet sich ein Bügelriemen mit Steigbügel für das linke Bein. Den für die Einwirkung aufs Pferd notwendigen rechten Schenkel ersetzt die Reiterin durch eine lange Gerte. Das Reiten im Damensattel setzt ein gut ausgebildetes, gehorsames Pferd und eine sichere Reiterin voraus.

Spezialsättel

Sowohl für den Hochleistungssport als auch für den ambitionierten Freizeitreiter gibt es spezielle Sättel, wie beispielsweise Rennsättel für Galopp- und Hindernisrennen auf der Rennbahn. Diese sehr kleinen, extrem leichten Sportsättel belasten das Pferd nur wenig. Distanzreiter, die sich auf langen Strecken im Wettkampf messen, benutzen ebenfalls Spezialsättel, beispielsweise den McClellan-Sattel. Er ist mit einem offenen Sitz ausgestattet und wurde aus den Gebrauchssätteln entwickelt, die die kanadische berittene Polizei benutzte. Darüber hinaus gibt es Spezialsättel für bestimmte Pferderassen: Töltsättel für Islandpferde und Haflinger-Spezialsättel für Pferde mit wenig ausgeprägtem Widerrist – beide zählen zu den Sportsätteln.

Kinder und Jugendliche brauchen Sättel, die perfekt auf ihre Größe und die ihrer Pferde abgestimmt sind.

Aufbau eines Sattels

Zwar unterscheiden sich die Sättel – je nach Satteltyp und Reitweise – im Aufbau etwas voneinander, aber im Wesentlichen bestehen sie alle aus folgenden Teilen:

- dem Sattelbaum,
- dem Sattelkissen (Polster),
- dem Sattelsitz,
- dem Sattel- und Schweißblatt,
- den Pauschen (am Sportsattel),
- den Sattelgurtstrupfen oder Gurtungsbeschlägen.

Sattelbaum

Das Skelett des Sattels ist der Sattelbaum. Er kann aus Holz, Kunststoff oder Stahl bestehen. Seit neuestem gibt es nicht nur starre, sondern auch flexible Sattelbäume, die mit den Bewegungen des Pferdes besser mitgehen sollen. Der vordere Teil des Sattelbaums heißt Vorder-, der hintere Hinterzwiesel.

Der Vorderzwiesel läuft in einen mehr oder weniger zurückgezogenen Bogen aus – der Kammer. Diese Kammer muss dem Pferd Widerristfreiheit geben, denn der Sattel darf niemals Druck auf diesen sehr empfindlichen Körperteil ausüben. Den seitlichen Teil der Kammer bildet das Kopfeisen. Dessen Weite bestimmt die genormte Größe des Sattels.

Innenleben eines Sportsattels: Sattelbaum mit Sturzfeder.

16

Im Mittelteil des Sattels liegt die Sitzfläche, deren hinterer Teil zum Sattelkranz ausgeformt ist. Bei Arbeitssätteln sind Vorder- und Hinterzwiesel noch deutlich höher gezogen, um dem Reiter auch in schwierigem Gelände sicheren Halt zu geben.

Sattelkissen oder -polster

Sattelkissen ist der Fachausdruck für die unten am Sattelbaum angebrachten Polsterungen, die meist aus Pferdehaar oder Wolle bestehen. Sie dämpfen den Druck, den das Gewicht von Sattel und Reiter auf den Pferderücken ausübt, und verteilen ihn über eine kleinere oder größere Rückenfläche. Beim Sportsattel entspricht die Länge der Unterpolsterung etwa der des Sattelbaumes, weshalb das Reitergewicht nur auf eine kleine Rückenfläche verteilt wird. Aus diesem Grund eignen sich diese – auch Pritschensättel genannten – Satteltypen gut für eine kürzere Belastungsdauer, nicht jedoch für Langstreckenritte. Hier empfehlen sich Sättel mit einer breiteren und nach hinten lang auslaufenden Unterpolsterung. Diese Trachten sind deutlich länger als der Sattelbaum selbst. Man findet sie bei Militärsätteln, einigen Hirten- und Islandpferdesätteln, den meisten Trekking-Sätteln und als Skirts beim Westernsattel.

Verschiedene Herstellungsstufen eines Sattels.

Sattelsitz

Der Sattelsitz ist die Sitzfläche des Sattels. Seine Kontur folgt der Ausformung des Sattelbaums, der tiefste Punkt liegt genau in der Mitte des Sattels. So setzt Sie der Sattelsitz genau über den Schwerpunkt des Pferdes und ermöglicht Ihnen einen aufrechten, ausbalancierten und zugleich zwanglosen Sitz. Wirklich wohl fühlen Sie sich im Sattelsitz also nur, wenn er die richtige Größe hat und zu Ihrer individuellen Gesäßform passt. Einige Sattelbauer verwenden neuerdings speziell behandelte Ledersorten – so genanntes Spezial-Schrumpfleder mit Haftwirkung. Es verhindert das unangenehme Hin- und Herrutschen im Sattelsitz.

Wichtig: Der Reiter muss im Sattel »zwanglos« sitzen können.

Sattel- und Schweißblatt

Die Sattelblätter aus hochwertigem »ständigem« – also sehr festem – Leder bilden die Seitenteile des Sportsattels. Ihr Zuschnitt bestimmt den Verwendungszweck des Sattels als Dressur-, Spring- oder Vielseitigkeitssattel mit. Unter dem jeweiligen Sattelblatt befindet sich noch ein Lederteil in der gleichen Größe und Ausformung. Es dient als Schweißschutz und heißt deshalb auch Schweißblatt. Der Westernsattel hat statt Sattel- und Schweißblatt ein länger herabgezogenes schmales Lederblatt, den Fender. Er ist mit dem Bügelriemen verbunden, in den der Westernsteigbügel eingeschnallt wird.

Pauschen

Als Pauschen werden Polsterungen bezeichnet, die in den vorderen Rand der Sattelblätter und/oder der Schweißblätter der Sportsättel eingearbeitet sind. Sie stützen das Reiterbein und erleichtern Sitz und Hilfengebung in den verschiedenen Disziplinen. Ihre Stärke, Ausformung und Platzierung bestimmt maßgeblich den Satteltyp mit. Die Fender des Westernsattels sind ohne Pauschen gearbeitet.

Die Polsterungen an Sattel- und Schweißblatt – die Pauschen – stützen das Bein des Reiters.

Sattelgurtstrupfen

Das sind Befestigungsriemen für den Sattelgurt, die auf dem Schweißblatt des Sportsattels liegen. Sie sind meist handvernäht und bestehen aus besonders festem Leder. Beim Westernsattel dienen O- oder D-förmige Ringe auf den Skirts oder in die Skirts eingearbeitete Gurtungsbeschläge zur Gurtbefestigung. Eine weitere Variante sind Drei-Punkt-Verschnallungs-Gurtungen.

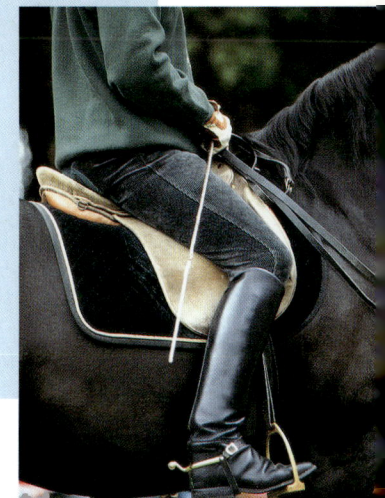

Zubehör

Zur Grundausrüstung gehören außerdem

- Sattelgurt und Gurtzubehör,
- Steigbügelriemen,
- Steigbügel; Steigbügel mit Aufsitzhilfen,
- Vorder- und Hintergeschirr,
- Schweifriemen,
- sonstiges Zubehör.

Sattelgurt

Ein wichtiger Bestandteil der Reitausrüstung ist der Sattelgurt, der den Sattel am Pferdekörper befestigt. Die gebräuchlichsten Sportsattelgurte bestehen aus weich gepolstertem Leder, Kunstfaser- oder Trevira-Schnuren sowie aus modernen Kunststoffen. Zur Schonung der empfindlichen Pferdehaut gibt es neuerdings auch Gurte aus Nylon, das mit einem pflegeleichten, Schmutz abweisenden Gitterschaum ohne störende Nähte und harte Kanten überzogen ist.

Gurtschoner aus Kunstfell oder High-Tech-Softschaum machen den Gurt angenehmer fürs Pferd und schützen ihn gleichzeitig vor Verschmutzung – vor allem während eines Geländeritts bei schlechtem Wetter. Beim Nachgurten helfen Gurtspanner aus Holz oder Metall.

Vorgurte werden gern bei Pferden mit wenig ausgeprägter Sattellage verwendet. Sie haben ein eingearbeitetes Kopfeisen und verhindern, dass der Sattel verrutscht. Manchmal werden Vorgurte mit einem schmalen Untergurt kombiniert. Übergurte sind zusätzliche über dem vorderen Sattelteil verlaufende Gurte. Sie verhindern, dass der Sattel bei extremen Bewegungen verrutscht. Sie werden beispielsweise bei manchen Rennsätteln verwendet.

Westernsattelgurte bestehen im Allgemeinen aus Leder oder weichem, innen verstärktem Synthetikmaterial.

Steigbügelriemen

Steigbügelriemen werden entweder aus besonders formbeständigem Kernleder hergestellt oder – für High-Tech-Sättel – aus reißfestem Synthetik. Für Kindersättel gibt es spezielle Kindersteigbügelriemen, die etwas schmaler und vor allem kürzer sind. Steigbügelriemen sind nicht fest mit dem Sattel verbunden, sondern werden in einer Sturzfeder seitlich am Sattelsitz aufgehängt. Diese Feder gibt den Bügelriemen bei einem Sturz des Reiters frei. So wird verhindert, dass der Reiter am Pferd hängen bleibt und mitgeschleift wird.

Steigbügel

Steigbügel gibt es in vielen Varianten. Generell erleichtert der Steigbügel das Aufsitzen und stützt den Fuß. Einen sicheren Sitz verleiht er jedoch nur, wenn er in der richtigen Länge verschnallt ist. Ein etwa entsprechendes Maß ist Ihre Armlänge. Die Größe des Bügels richtet sich nach der Größe des Reitschuhwerks. Nicht nur groß, sondern auch schwer genug muss ein Bügel sein, damit er aus allen Positionen schnell wieder herabfällt.

Klassischer Bügel/Sicherheitssteigbügel

Der klassische Steigbügel für den Sportsattel ist ein Metallbügel mit geriffelter, rutschfester Einlage auf der Trittfläche. Er kann durch einen Sicherheitssteigbügel ersetzt werden. Falls Sie vorhandene Bügel nachrüsten wollen, können Sie dies

Klassischer Metallbügel mit geriffelter Gummieinlage.

durch eine zusätzliche Steigbügelsicherung tun. Dieses Verbindungsstück wird zwischen Bügel und Riemen eingesetzt und öffnet sich im Falle eines Sturzes.

Töltsteigbügel

Töltbügel empfehlen sich für Gangpferdesättel. Ihre geschwungenen Schenkel verhindern ein Festklemmen des Fußes. Die Bügelriemenöse sitzt quer auf dem Bügel. Diese Besonderheit unterstützt das Reiten mit langem Bein und hilft Ihnen, einen verlorenen Bügel schnell wieder aufzunehmen.

Die Metall-
streben des
Korbbügels ver-
hindern, dass
der Fuß durch-
rutscht.

Rennsteigbügel

Eine besonders leichte Variante des klassischen Steigbügels ist der Rennsteigbügel; er besitzt einfache, halbrunde Metallschenkel.

Aufsitzhilfe

Reiter großer Pferde schätzen eine Aufsitzhilfe. Dieses Gestell hat die Form eines kleinen Zusatzbügels und ist in den normalen Bügel eingearbeitet. Zum Aufsitzen wird es einfach heruntergeklappt.

Korbbügel

Korbbügel verhindern, dass Ihr Fuß durch den Bügel rutscht. Die klassische Variante ist der Camarguesteigbügel aus korbförmig angeordneten Metallstreben; eine moderne Spielart ist der vorn geschlossene Bügel aus Vollkunststoff.

Westernsteigbügel

Die Rohlinge der Westernsteigbügel – Stirrups – bestehen aus gebogenem Holz oder vorgeformtem Kunststoff. Sie haben eine breite, bequeme Trittfläche und sind entweder mit Metall oder Leder eingefasst.

Der Westernbügel ist mit starkem Leder überzogen.

Das weich ummantelte Vorderzeug fixiert den Sattel.

Vorder- und Hintergeschirr

Vor allem beim Reiten mit Gepäck empfiehlt sich das Anlegen eines Vorder- oder Hintergeschirrs. Beim Vorderzeug verlaufen zwei breite Riemen V-förmig von der Pferdebrust seitlich zum Sattel; ein dritter Riemen verläuft zwischen den Beinen hindurch zum Sattelgurt. Das Hintergeschirr rahmt die Hinterhand des Pferdes ein. Vorder- und Hinterzeug sorgen dafür, dass der bepackte Sattel nicht verrutscht.

Hinterzeug (rechts) und Schweifriemen (unten) verhindern zusätzlich, dass der Sattel verrutscht.

Schweifriemen

Besitzer eines Ponys oder Pferdetyps mit wenig Widerrist und kurzer Sattellage benutzen gern einen *Schweifriemen*. Er fixiert den Sattel zusätzlich an der Schweifrübe, sodass er nicht nach vorn auf die Pferdeschulter rutschen kann. Der Riementeil, der um die Schweifrübe gelegt wird, besteht aus rundgenähtem, weich abgepolstertem Leder und heißt Schweifmetze.

Sattelsitzbezug

Wer einmal im Winter im Freien auf Naturfell gesessen hat, wird diese angenehme Wärme kaum mehr missen wollen! Ein Sattelsitzbezug aus echtem Lammfell ist daher für die kalte Jahreszeit eine empfehlenswerte Anschaffung. Hochwertige Ausführungen lassen sich leicht über den Sitz ziehen und mit Stretchband sicher befestigen. Ein Kunstfellsitz ist preiswerter. Aber echtes Lammfell ist wesentlich wärmer und durch ein besonderes Gerbverfahren ebenso pflegeleicht wie Kunstfaser.

Sonstiges Zubehör

Anfassriemen

Ein praktisches Stück ist der Sattelanfassriemen vor der Kammer. An ihm finden Sie nicht nur auf unebenem Geläuf etwas Halt, sondern können daran auch den Sattel bequem hochheben.

Sattelschutzbezug/Tragetaschen

Ein Sattelschutzbezug aus Vinyl oder Baumwolle schützt Ihren Sattel sicher vor Staub und Verschmutzung – in der Sattelkammer ebenso wie auf Reisen zu Turnieren und Veranstaltungen. Es gibt sogar bereits Satteltragetaschen aus starkem Nylonmaterial, in denen Ihr Sattel unterwegs nicht nur praktisch, sondern ausgesprochen chic verstaut ist.

Der Staubschutzbezug schützt den Sattel in der Sattelkammer vor Staub.

Der Vielseitig-
keitssattel ist das
Allroundtalent
unter den Sätteln.

Sättel im Porträt

Wie Sie bereits wissen, lassen sich Sättel grob in Sport- und Gebrauchssättel unterscheiden. In diesem Kapitel möchte ich Ihnen die einzelnen Sättel kurz vorstellen.

Sportsättel

Sportsättel verhelfen dem Reiter in seiner Spezialdisziplin zur bestmöglichen Einwirkung auf sein Pferd.

Vielseitigkeitssattel

Der Vielseitigkeitssattel (früher hieß er Mehrzwecksattel) ist ein echtes Allroundtalent und damit zugleich der beliebteste unter den Sportsätteln. Er ist gut geeignet für alle Reiter, die sich nicht spezialisieren wollen, sondern sowohl einfachere Dressurlektionen als auch kleine Sprünge im Parcours bewältigen, gern ins Gelände gehen und an Hubertusritten teilnehmen möchten. Als Zwischenform zwischen Dressur- und Springsattel besitzt er ein Sattelblatt, das leicht nach vorn gezogen ist. Seine Pauschen stützen das Bein angenehm, erlauben aber auch noch das Dressurreiten. Mit der richtigen Sattelunterlage ist er auch für kürzere Wanderritte geeignet.

Dressursattel

Der Dressursattel setzt Sie sehr nah ans Pferd, sodass Sie bestimmt, aber fein einwirken können. Der Sitz ist hinten leicht hochgezogen, das Sattelblatt ist lang und verläuft beinah senkrecht nach unten. Durch die Nähe zum Pferd überträgt der Sattel den Druck Ihrer Sitzbeinhöcker punktgenau auf den Pferderücken; die flache Pauschung positioniert Ihr Bein in der für die Einwirkung idealen Lage. Einige moderne Dressursatteltypen haben ein Y-förmig angeordnetes Gurtstrippensystem, das den Sattel sicher und rutschfest fixiert. Ein Untergurt hält das Sattelblatt auch bei schwierigen Lektionen am gewünschten Platz. Für lange Geländeritte ist der Sattel jedoch wenig geeignet.

Springsattel

Speziell für den Springsport im leichten Sitz über teils sehr hohe Hindernisse wurde der Springsattel entwickelt. Seine Besonderheit sind einerseits das weit nach vorn geschnittene Sattelblatt, andererseits die deutlich ausgeprägten Oberschenkel- und Wadenpauschen. Sie verleihen Ihnen auch bei stark verkürzten Steigbügelriemen sicheren Halt über dem Sprung. Ein Allrounder ist der Springsattel allerdings nicht: Beim Dressurreiten können Sie Ihre Beine nicht korrekt positionieren, und bei langen Gelände- und Wanderritten ermüden Sie durch die starke Beinwinkelung zu schnell.

Gangpferdesattel

Als Gangpferde werden Pferde bezeichnet, die neben (gelegentlich auch anstelle von) Schritt, Trab und Galopp die Gangarten Tölt und/oder Rennpass und töltähnliche Gangarten beherrschen. Dabei fallen vor allem die raumgreifenden Bewegungen der Vorderbeine ins Auge. Ein Gangpferdesattel muss dem Pferd deshalb viel Schulterfreiheit gewähren.

Fürs Gangpferdereiten: flacher Töltsattel mit gerade geschnittenem Sattelblatt.

Gangpferdesättel sind – je nach Rasse – in verschiedenen Spielarten erhältlich. Der traditionelle Islandpferdesattel hat einen Rippsitz sowie lange Trachten und erinnert an eine Kombination von Dressursattel und Vielseitigkeitssattel mit leicht nach hinten verlagertem Schwerpunkt. Neuere Gangpferdesattel-modelle haben einen besonders flachen Sitz, der dem Reiter viel Aktionsfrei-heit gibt. Die Kammer ist weit zurückgezogen, der Verlauf von Sitzfläche zum sehr gerade geschnittenen Sattelblatt oft stufenlos. Die Überlänge des Sattel-blattes und die Positionierung (oder das Fehlen) der Pauschen erleichtern den Sitz mit langen Steigbügeln.

Jugendsattel

Seit einiger Zeit werden auch Sättel angeboten, die speziell für Kinder und Ju-gendliche entwickelt wurden. Es handelt sich dabei meist um Vielseitigkeits-sättel oder – für den Gangpferdebereich – um Töltsättel. Vom Aufbau her ent-sprechen sie den Vielseitigkeits- und Gangpferdesätteln für Erwachsene, nur sind die Abmessungen von Sattelsitz, Sattelblatt, Gurtung, Bügelriemen und Steigbügeln auf die Körpergröße von Kindern und Jugendlichen und auf kleinere Pferdetypen zugeschnitten.

Billigprodukte stellen eine große Ge-fahr für die Sicherheit des Reiternach-wuchses dar! Da die jüngeren Reiter oft sehr sorglos mit ihrem Sattelzeug umgehen, müssen gerade ihre Sättel aus besonders robustem Material her-gestellt und erstklassig verarbeitet sein. Wer hier spart, tut sich keinen Gefallen!

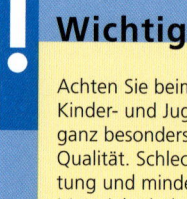

Wichtig:

Achten Sie beim Kauf von Kinder- und Jugendsätteln ganz besonders auf gute Qualität. Schlechte Verarbei-tung und minderwertiges Material erhöhen das Unfall-risiko.

Rennsattel

Eine Sonderstellung unter den Sportsätteln nimmt der Renn-sattel ein. Er wurde in enger Zusammenarbeit mit Vollblut-züchtern und -trainern ent-wickelt. Der Renn-Arbeitssattel – meist aus Leder – wird im Training verwendet. Er hat einen extraflachen Sitz und ebenso flache Leder-Sattelkis-sen. Das Blatt ist kurz und weit nach vorn geschnitten, Pau-schen fehlen. Dieser Zuschnitt ermöglicht das Reiten mit ext-rem kurz geschnallten Steig-bügeln. Die im Rennen selbst verwendeten Sättel sind noch flacher und heute meist wie aus einem Stück zugeschnitten. Durch die Verwendung von High-Tech-Materialien werden sie zu echten Leichtgewichten. Rennsättel werden allerdings nicht im Freizeitbetrieb einge-setzt, sondern nur in den gro-ßen Rennställen verwendet.

! Sportsättel im Überblick

- Der *Vielseitigkeitssattel* ist für alle Reiter prima geeignet, die sich nicht spezialisieren möchten, sondern freizeitmäßig Dressur reiten, springen, Jagden reiten und normale Ausritte unternehmen möchten.

- Die Anschaffung eines *Dressursattels* lohnt sich für die Freunde des Dressurreitens, denn in ihm können sie doch feiner mit ihrem Pferd kommunizieren als mit einem normalen Vielseitigkeitssattel.

- Für die Springbegeisterten ist die Anschaf-fung eines *Springsattels* empfehlenswert, da er dem Reiter auch über höheren Hürden viel besseren Halt verleiht als jeder andere Sattel-typ.

- Die Freunde des spritzigen Tölts und rasanten Rennpasses kommen um den Kauf eines *Gangpferdesattels* nicht herum, wenn sie das Bewegungspotenzial ihres Pferdes fördern möchten.

- Eltern reitbegeisterter Kinder sollten die Investition in einen qualitativ hochwertigen *Jugendsattel* nicht scheuen. In ihm braucht sich der Nachwuchs nicht »herumzuquälen«, sondern lernt von Anfang an den richtigen Sitz und die feine Hilfengebung.

- Speziell für den Rennsport wurde der extra-flache und federleichte *Rennsattel* für das Reiten mit stark verkürzten Bügeln ent-wickelt.

Neuerungen im Sportsattelbereich

Auch wenn das billige Importmodell noch nicht vom Markt verschwunden ist, können die meisten Sattlerwaren heute als erstklassig bezeichnet werden. Durch Pressemeldungen aufgerüttelt, nach denen viele Sättel nicht hundertprozentig passen sollen, legen die Sattelhersteller wieder deutlich mehr Wert auf eine exakte Passform. So werden beim Aufbau des Sattels teilweise Luftkissen oder Sattelkissen mit einer Art Memoryeffekt verwendet, die sich der individuellen Rückenform des Pferdes anpassen. Ein anderer Hersteller bietet ein neuartiges Sattelkopfsystem an, bei dem der Vorderzwiesel ohne Auftrennen einer Naht geöffnet werden kann. Mit Hilfe eines einfachen Schraubenziehers wird das Auswechseln des Kopfeisens zur simplen Do-it-yourself-Aktion. Eine weitere Neuerung bei einem Sportsatteltyp sind so genannte Flexiblocs – individuell zusammenstellbare Knie- und Wadenblocs (Pauschen), je nachdem, ob Sie Dressur reiten oder springen möchten.

Gebrauchssättel

Wie ihr Name eigentlich schon sagt, wurden Gebrauchssättel für den Alltagsgebrauch – also die Arbeit im Gelände – entwickelt.

Westernsattel

Der Westernsattel ist ursprünglich ein Arbeitssattel und wurde für lange Ritte auch in schwierigem Gelände und für die Vieharbeit gebaut. Als sich das Westernreiten zum Wettkampfsport entwickelte und in mehrere verschiedene Disziplinen unterteilte, entstanden unterschiedliche Sattelausführungen. Heute gibt es Westernsättel für das freizeitmäßige Reiten im Gelände, das Wanderreiten mit Gepäck, das Distanzreiten und das Gangpferdereiten. Echte Spezialsättel sind die Spielarten, die für Disziplinen wie Cutting und Working Cowhorse, bei denen der Reiter mit jungen Bullen arbeitet, oder fürs Reining, die Westerndressur, konzipiert wurden.

Texas Style

Die meisten heute verwendeten Westernsättel sind Varianten des Double Rigged Saddle. Dieser Satteltyp ist mit einem zweiten, hinteren Bauchgurt ausgestattet und wird noch heute für die Arbeit auf den großen Ranches in Texas benutzt. Der zweite Gurt verhindert, dass sich der Sattel hinten hebt, wenn das mit dem Lasso eingefangene Rind vorn am Sattelhorn zieht. Dieser Satteltyp ist das Kennzeichen des Texas Style, des Arbeitsreitstils, den der Cowboy östlich der Rocky Mountains praktizierte.

Der Westernsattel ist ein Arbeitssattel, der Pferd und Reiter schont.

California Style

Der westlich der Rocky Mountains, in Kalifornien, praktizierte Reitstil steht der iberischen Reitweise näher. Ein in diesem California Style ausgebildetes Pferd geht mit mehr Aufrichtung und stärkerer Versammlung. Der fein gearbeitete und reich verzierte Single Cinch Saddle mit nur einen Gurt hat einen tieferen, kürzeren Sitz und erinnert noch an die Vaquero-Sättel der spanischen Rinderhirten.

Der Sitz des Westernsattels ist mit Spaltleder bezogen (oben). Die schmalen Fender des Sattels laufen in die Steigbügelriemen (unten).

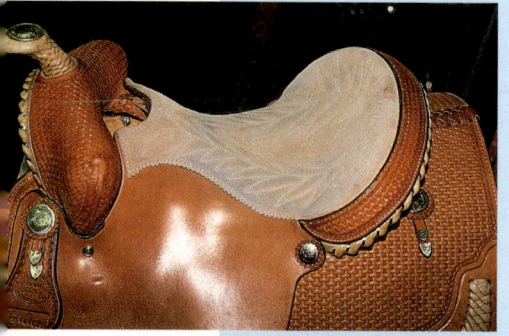

Aufbau

Das Herzstück aller Westernsättel ist der aus Holz oder Kunststoff bestehende Sattelbaum, dessen Trachten oder Auflagen *Bars* genannt werden. Die vordere Verbindung der Bars heißt *Fork*, die hintere Verbindung der Bars und Widerlager der Sitzschale *Cantle*. Die Fork läuft im *Horn* aus, einem der wichtigsten Merkmale des Westernsattels. Bei den Gurtungsarten wird zwischen der O-Ring- oder D-Ring-Gurtung, der In-Skirt-Gurtung und der Drei-Punkt-Verschnallungs-Gurtung unterschieden. Unter *Skirts* versteht man die durch Leder vergrößerte Auflagefläche des Sattels. Die auf dem Pferderücken liegende Seite sollte mit Schaffell überzogen sein.

Sitzarten

Bei den Sitzarten wird zwischen verschiedenen Ausformungen und Ausführungen unterschieden, zum Beispiel dem gepolsterten Sitz, dem *Hard Seat* oder *Hard Seat with Slots* (Grifflöchern) und dem *Loop Seat*, bei dem die Bügelriemen durch den Sitz verlaufen. Der hintere Bauchgurt – *Back Cinch* – darf niemals benutzt werden, um den Sattel unter Spannung auf dem Pferd zu fixieren. Locker hängend soll er verhindern, dass der Sattel in Extremsituationen nach vorn kippt.

Fender

Die ledernen Fender entsprechen dem Schweißblatt des Sportsattels und schützen die Beine des Reiters vor dem Schweiß des Pferdes. Sie laufen in breite Bügelriemen aus, an denen die schweren Steigbügel, die Stirrups, aufgehängt werden. An knopfähnlichen Lederteilen, den *Conchas*, werden lange *Strings*, also Lederschnüre, aufgehängt. Sie dienen der Befestigung der Satteltaschen und des Gepäcks. Bei der Verarbeitung des Westernsattels können unterschiedliche Arten von Leder verwendet werden; seit geraumer Zeit gibt es jedoch auch leichte Modelle aus High-Tech-Materialien.

Reining-Sattel
Speziell für die Westerndressur wurde der Reining-Sattel entwickelt. Er hat einen ziemlich tiefen Sitz, was dem Reiter eine feinere Hilfengebung ermöglicht. Das Horn ist klein, damit es der Zügelhand nicht im Weg steht. Durch eine flache Gurtbefestigung sind die Steigbügelleder frei beweglich und ermöglichen so korrekte Schenkelhilfen.

Der Western-Geländesattel hat ein kleines, nach vorn geneigtes Horn.

Western-Gelände- und -Wandersattel
Anhänger des westernmäßigen Freizeitreitens suchen meist nach einem fürs Geländereiten geeigneten Sattelmodell. Sein Horn ist kurz und nach vorn gewinkelt, damit es bei der Vorwärtsbeugung an Bergaufhängen und beim Springen nicht stört. Die Bügelriemenaufhängung darf nicht zu weit vorn, der Tiefpunkt des Sattelsitzes nicht zu weit hinten liegen, sonst werden Sie zu einer ermüdenden Sitzhaltung gezwungen.

Der australische Stocksattel eignet sich prima für lange Geländeritte.

Australischer Stocksattel

Der Hirtensattel der australischen Schafzüchter – der australische Stocksattel – ist vom Ursprung her ein englischer Sportsattel. Die deutlich verlängerten Trachten vergrößern die Auflagefläche auf dem Pferderücken und schonen so das Pferd. Ihre üppige Polsterung lässt die Luft zwischen Sattel und Pferderücken gut zirkulieren und erfordert nur eine dünne Sattelunterlage.

Beim Sitz wurden Vorder- und Hinterzwiesel erhöht und die Ausmuldung vertieft; deshalb sitzt der Reiter ausgesprochen sicher und bequem. Das Sattelblatt ist lang hinunter gezogen und schmaler als beim Sportsattel. Dieser Zuschnitt verleiht dem Sattel viel Stabilität. Weit oben sitzende Vorderpauschen und – bei manchen Modellen – zusätzliche kleinere Pauschen auf dem Sattelblatt geben Ihrem Bein bei plötzlichen Stopps und schnellen Wendungen ausgezeichnet Halt. Die Bügelriemen verlaufen über den Sattelblättern, der (nicht störende) Übergurt quer über dem Sattel.

Militärsattel

Auch wenn so mancher Militärsattel auf den ersten Blick dem normalen Sportsattel ähnelt, ist er doch ein echter Gebrauchssattel. Militärsättel wurden für den Einsatz auf langen Strecken entwickelt; sie mussten für Pferd und Reiter bequem sein und vor allem jedem Pferd passen! Deshalb wurden sie nach dem Prinzip des Trachtensattels gebaut. Einige wenige Sattlerwerkstätten stellen auch heute noch Armeesättel her. Sie sind vor allem bei Wanderreitern gefragt. Die langen Trachten verbessern die Passform und verteilen das Gewicht von

Reiter und Gepäck großflächig; die hoch ausgeschnittene Kammer sorgt für eine gute Belüftung des Pferderückens. Eine Besonderheit ist das Fehlen der Pauschen. Dafür besitzt der Sattel viele Befestigungsringe und -riemchen fürs Gepäck.

Trekkingsattel

Immer mehr Freizeitreiter haben Spaß an Wanderritten. Bis vor wenigen Jahren stand ihnen für mehrtägige Touren nur der Vielseitigkeitssattel, der normale Westernsattel, der australische Stocksattel oder ihr normales Gangpferdesattelmodell zur Verfügung. Dann erkannten endlich auch die Sattelhersteller, dass Langstreckenritte besondere Anforderungen an den Satteltyp stellen, und brachten eine Reihe gut geeigneter Trekkingsättel auf den Markt. Mittlerweile gibt es Trekkingmodelle, die sich entweder am Aufbau des Sportsattels oder an dem des Hirtensattels orientieren. Ein echter Wandersattel zeichnet sich durch seine große Auflagefläche aus. Sie verteilt das Gewicht von Sattel, Reiter und Gepäck breitlagig auf dem Pferderücken und entlastet ihn dadurch. Der Sitz ist so ausgeformt, dass der Reiter auch nach langen Ritten oder in schwierigem Gelände nicht ermüdet. Stabile Krampen, Lederriemen und Befestigungsringe erleichtern den Gepäcktransport. Trekkingsattel-Varianten im Aufbau des Sportsattels haben ein Sattelblatt ähnlich dem des Vielseitigkeitssattels, aber länger geschnitten. Andere Trekkingmodelle nutzen die Vorteile sowohl des Militär- als auch des Hirtensattels.

Militärsattel.

Trekkingsattel.

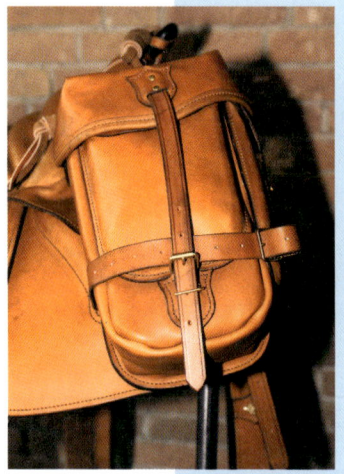

Packtaschen.

Sie haben vorn und hinten beträchtlich hochgezogene Zwiesel und lange Trachten, dafür kürzere und auffallend breite Sattelblätter. Wiederum andere erinnern an eine Kombination aus Western- und Sportsattel. Für Sie als Käufer heißt das: einfach in allen Satteltypen einmal Platz nehmen und ausprobieren, in welchem Modell Sie sich am wohlsten fühlen!

Trekking-Packzeug

Beim Wanderreiten führen Sie oft eine Menge Gepäck auf dem Pferd mit. Dafür benötigen Sie robuste, wasserfeste und geräumige Packtaschen. Sie bestehen heute meist aus Leder oder imprägniertem Textilgewebe. Vorderpacktaschen werden vor Ihrem Bein am Sattel befestigt, Hinterpacktaschen hinten am Sattel. Zusätzlich können Sie noch einen Mantelsack hinterm Sattel befestigen. In diesen Sack stecken Sie Ihre Kleidung und Ihre Ersatzschuhe. Eine Feldflasche und eine Kartentasche gehören ebenfalls zum Packzeug, das beim Reiten in allen Gangarten ruhig liegen bleiben muss. Es darf Ihr Pferd weder in seinen Bewegungen beeinträchtigen noch Druckstellen hervorrufen.

Tapaderos

Ein beliebtes Zubehörteil speziell für Trekking-Sättel sind Tapaderos (spanisch: Topfdeckel). Ursprünglich nannte man so die vorn geschlossenen Steigbügel der spanischen Vaqueros. Sie dienten als Vorbild für einen Regen- und Kälteschutz aus Leder, der an den Steigbügel montiert wird und sich auf langen Ritten gut bewährt!

Tapaderos (rechts).

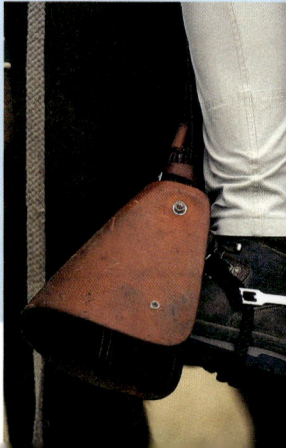

Distanzsattel

Ähnlich wie Rennsättel sind auch Distanzsättel wahre Leicht-
gewichte unter den Sätteln. Ihr Aufbau orientiert sich an den
Gebrauchssätteln. Viele Distanzsättel bestehen aus einem
mit Leder bezogenen, abgepolsterten Baum mit hohem Vor-
der- und Hinterzwiesel und nach hinten gezogenen Trachten.
Die Gurtung ähnelt der des Westernsattels. Die Sitzfläche ist
in der Mitte offen, damit sich der Pferderücken nicht über-
hitzt. Ein Sattelblatt fehlt: Die Bügelriemen werden direkt am
Baum befestigt, damit man den Distanzsitz leichter einneh-
men kann. Dieser ähnelt dem Leichten Sitz oder Entlastungs-
sitz im Gelände, wird jedoch mit normal geschnallten Bügeln
und gestreckt gehaltenen Beinen geritten.

Camarguesattel

Der echte Camarguesattel ist ein Nachbau des mittelalterlichen Sattels, den die Ritter Südeuropas benutzten. Verwendet wird er von den Gardians, den Hütern der kleinen Stiere
im Rhône-Delta. Der Sattelbaum hebt sich vorn und hinten zu
auffallend ausgeformten Vorder- und Hinterzwieseln.
Tatsächlich ähnelt der Hinterzwiesel einer kleinen Stuhl-
lehne. Zwischen den Zwieseln findet man auch bei extremen
Bewegungen des Pferdes sicheren Halt – dafür ist das Springen für Pferd und Reiter eher unbequem. Vereinfacht ausge-
drückt ähnelt das breit geschnittene Sattelblatt den Skirts
des Westernsattels, ist aber an den Seiten deutlich tiefer he-
rabgezogen. Ein Gurt verläuft über dem Sattel.

Die Steigbügel bestehen aus Metall, sind wie kleine Körbe konstruiert und haben eine breite, bequeme Trittfläche. Der Sattel wird meist mit einem Schweifriemen benutzt, damit er nicht auf die Pferdeschulter vorrutschen kann. Wenn Sie den Camarguesattel einmal einem anderen Kleinpferd auflegen möchten, werden Sie feststellen, dass er tatsächlich fast ausschließlich dem Camarguepferd passt.

Iberische Sättel

Alle heute in Spanien und Portugal gebräuchlichen Standardsättel nennt man iberische Sättel. Die Iberische Halbinsel ist Geburtsort des Stierkampfes. Jagd und Kampf – und später auch die Arbeit der Vaqueros, der Stierhirten, – setzen ein reaktionsschnelles Pferd voraus. Es muss blitzschnell starten, stoppen und wenden können. Solche Aktionen dürfen den Reiter niemals in Gefahr bringen – er muss vielmehr absolut sicher sitzen und nur mit einer Verlagerung seines Körpergewichts auf sein Pferd einwirken können. Daher sind generell alle iberischen Sättel mit einem hohen und breiten Vorder- und Hinterzwiesel ausgestattet.

Besonders auffällig ist der *Vaquero-Sattel*. Dieser Typ des schweren Hirtensattels wird den Bocksätteln zugerechnet. Er hat statt des üblichen Sattelbaums zwei Gabeln, die durch fest gestepptes Baumwollgewebe miteinander verbunden sind. Der Reiter sitzt aufgrund der starken Polsterung sehr hoch über dem Pferderücken und wirkt nur mit seinem Gewicht ein. Als Steigbügel werden Kastenbügel – kastenförmige Steigbügel aus Metall – verwendet.

Galerien: Das sind die weit hochgezogenen Vorder- und Hinterzwiesel der iberischen Sättel.

Für die klassische iberische Dressur wird am liebsten der *portugiesische Dressursattel* verwendet. Er ist dem im Barock benutzten Schulsattel nachempfunden. Sein Sattelblatt ist kurz und rechteckig; Vorder- und Hinterzwiesel sind deutlich hochgezogen. Durch Aufsätze, so genannte Galerien, werden sie weiter erhöht, sodass der Reiter beinah unverrückbar auf dem Pferderücken sitzt. Die kastenförmigen, vorn geschlossenen Bügel bestehen traditionell aus Holz; man sieht jedoch auch häufig Messingbügel mit Ornament-Trittfläche.

Andere Sattelungen

Neben Sport- und Gebrauchssätteln existiert noch eine breite Palette besonderer Sattelungen und Sitzunterlagen für verschiedene Einsatzbereiche.

Kinderkorbsattel

Damit auch schon der jüngste Reiter sicher auf dem Ponyrücken sitzen kann, wurde der Kinderkorbsattel aus robustem Korbgeflecht entwickelt. Der hohe Sitz, in dem sich das Kind bequem anlehnen kann, ist mit der breiten, zum Pferderücken hin abgepolsterten Auflagefläche fest verbunden. Kleine Steigbügel geben den Kinderfüßen zusätzlichen Halt. Der Sattel wird mit zwei Gurten um den Pferdeleib befestigt. Ein Schweifriemen verhindert, dass der Sattel nach vorn auf die Schulter des Ponys rutscht. Den richtigen Reitsitz lernt der kleine Reitanfänger in einem solchen Korbsattel natürlich nicht – aber er gewöhnt sich an die schwingenden Bewegungen des Pferderückens und baut Vertrauen zu seinem vierbeinigen Freund auf.

Kinderkorbsattel.

Reitkissen

Das *Pony-Reitkissen* ist kein Sattel, sondern eine Sitzunterlage mit Steigbügeln. Das traditionelle Reitkissen aus Leder verzichtet auf den Sattelbaum und hat daher weder Vorder- noch Hinterzwiesel. Es besteht aus einem flachen, leicht gepolsterten Sitz und Sattelblättern ohne Pauschen. Unter einem Extra-Leder-blatt sind die Steigbügelriemen angebracht. Gerade beim Kauf von Pony-Reit-kissen ist Vorsicht angeraten. Auch wenn ein Kind weniger wiegt als ein Er-wachsener, so verteilt das Reitkissen sein Körpergewicht nicht optimal auf dem Pferderücken. Das Pferd wird ungünstig belastet und in seinem Gleichgewicht gestört. Außerdem lassen bei Billigprodukten häufig sowohl die Qualität des Materials als auch die Verarbeitung – zum Beispiel der Bügelriemen – zu wün-schen übrig. Die Steigbügel sind oft zu klein und zu leicht, die Trittfläche ist zu schmal. Die Gefahr, dass der Kinderfuß sich darin verkantet, ist groß. Da Sitz-mulde und Pauschen fehlen, findet das Kind wenig Halt, sollte das Pferd einmal scheuen oder gar bocken.

Die modernen *Jugend-Reitkissen* aus High-Tech-Material sind besser geeignet. Das Sattelkissen bietet dem Reitanfänger einen bequemen, tiefen Sitz. Der vor-dere Sitzteil ist zu einer Art Vorderzwiesel mit integriertem Griff hochgezogen und läuft an der Seite pauschenartig aus. So kann sich das Kind festhalten und zugleich seine Oberschenkel abstützen. Schnelle oder unerwartete Bewegun-gen des Pferdes können deshalb viel sicherer aufgefangen werden!

Bareback-Pad

Auch für Erwachsene werden Reitkissen gefertigt. Diese Bareback-Pads (frei übersetzt heißt das Reit-Satteldecke) gibt es in unterschiedlichen Ausfertigun-gen. Einige ähneln im Aufbau dem traditionellen flachen Kinder-Reitkissen aus Leder. Bareback-Pads sind jedoch meist aus Spaltleder (umgangssprachlich

Wildleder) hergestellt und optisch ansprechender gestaltet: Sie haben häufig schöne Farben und Ziernähte. Aufwendiger produzierte Bareback-Pads orientieren sich im Aufbau an den Jugend-Reitkissen aus High-Tech-Material und erinnern mehr an Sättel. Sie haben eine angenehme Sitzmulde, Vorder- und Hinterzwiesel geben dem Reiter Halt, und ein Sattelblatt mit Pauschen stützt seine Beine.

Das Bareback-Pad ist eine Art Reitkissen.

Tandemsattel

Der Tandemsattel ermöglicht das Reiten zu zweit, von Erwachsenem und Kind, allerdings wird er nur selten angeboten. Bei diesem Ledersattel ist der Sitz des erwachsenen Reiters etwas nach hinten verlagert. Vor dem Vorderzwiesel (der zugleich als Rückenlehne für den Vordersitz dient) befindet sich ein weiterer kleiner Sattelsitz. In diesem nimmt das Kind Platz und hält sich an einem vorn angebrachten Knauf fest. Die zweifache Sitzausmuldung ermöglicht Erwachsenem und Kind jeweils einen sicheren, voneinander unabhängigen und auch bequemen Sitz. Durch breite Trachten wird das doppelte Gewicht großflächig auf dem Pferderücken verteilt.

Tandemsattel.

Sattelmaterialien und -unterlagen

Leder

Sorgsam bearbeitetes Leder ist sehr robust.

Jahrhunderte lang war Leder das traditionelle Material im Sattelbau. Es gehört zu den ältesten, vom Menschen benutzten und verarbeiteten Materialien. Um Leder zu bekommen, wird die leicht verderbliche Tierhaut mit Gerbstoffen behandelt und durch besondere Zurichtmethoden, wie es in der Fachsprache heißt, widerstandsfähig gemacht. Für Sattelzeug und Geschirre wird heute überwiegend pflanzlich oder nach einem Mischverfahren gegerbtes, feinporiges Rindleder aus Hals, Flanke und Rücken verwendet. Für Teile, die stark strapaziert werden (wie Bügelriemen), wird grundsätzlich das besonders feste Leder aus dem Rückenbereich benutzt. Manche Reiter schwören auf einen Wildledersitz, weil sie sich durch die rauere Oberfläche sicherer fühlen. Wildleder wird aus Lederspaltschichten hergestellt und daher korrekt als Spaltleder bezeichnet.

High-Tech-Materialien

Eine erstklassige Haftwirkung wird auch den neuen High-Tech-Materialien zugeschrieben. High-Tech ist die Kurzbezeichnung für moderne, hochwertige und antibakteriell ausgerüstete Kunstfasern. Durch ihr extrem geringes Gewicht, ihre Robustheit, ihre Langlebigkeit und ihre Pflegeleichtigkeit haben High-Tech-Produkte mittlerweile den Markt für Reitsportartikel revolutioniert.

High-Tech-Sättel werden von Reitern geschätzt, die einen leichten, preiswerten und pflegeleichten Sattel suchen. Diese modernen Sättel sind sehr elegant und optisch von Spaltledersätteln kaum zu unterscheiden.

Kein Sattel ohne Unterlage?

Kein Sattel ohne Sattelunterlage? Falsch! Ein perfekt passender Sattel mit gut gepolsterten Sattelkissen kann auch ohne Unterlage benutzt werden, ohne dem Pferd zu schaden. Tatsache ist, dass die Satteldecke erfunden wurde, um den wertvollen Sattel zu schützen – und nicht das Pferd! Heute ergänzen Sattel und Sattelunterlage einander. Die Sattelunterlage entlastet durch ihre Stoßdämpferwirkung den Pferderücken. Das Material muss in der Lage sein, Schweiß aufzusaugen und an die Abseite weiterzuleiten, sodass der Pferderücken trocken und angenehm temperiert bleibt. Zugleich muss es hautfreundlich sein, um Hautschäden vorzubeugen. Darüber hinaus muss die Sattelunterlage natürlich auch vom Zuschnitt her zum Sattel passen. Er trägt mit dazu bei, den Sattel auf dem Pferderücken an der hierfür am besten geeigneten Stelle zu stabilisieren.

High-Tech-Sättel sind von Ledersätteln oft kaum zu unterscheiden.

Unterschiedliche Formen

Zuschnitt und Materialien der Sattelunterlagen hängen von der Reitweise und dem Verwendungszweck ab. Man unterscheidet zwischen der Satteldecke, der Schabracke, den verschiedenen Varianten der Sattelzwischenlagen, dem Western-Pad, der Navajo-Decke und dem traditionellen Woilach.

Satteldecke

Die moderne Satteldecke unterscheidet sich von anderen Sattelunterlagen dadurch, dass ihre Form präzise den Umrissen des Dressur-, Spring- oder Vielseitigkeitssattels folgt. Sie passt also jeweils genau unter den Satteltyp, für den sie zugeschnitten wurde. Beim Kauf sollten Sie deshalb unbedingt darauf achten, dass die Form zu Ihrem Sattel passt. Für ihre Herstellung werden Baumwolle mit einer Zwischenlage, Baumwoll-Kunstfaser-Gemische, High-Tech-Fasern, Samt, Lammfell, thermoplastischer Kunststoff und gelegentlich auch noch Filz oder Leder verwendet. Jedes Material hat besondere Eigenschaften: Baumwolle kühlt angenehm im Sommer, Baumwoll-Kunstfaser-Gemische sind besonders robust, High-Tech-Fasern pflegeleicht. Lammfell wird wegen seiner Weichheit und der temperaturausgleichenden Wirkung vor allem im Winter geschätzt, PVC-Schaum soll Stöße besonders gut abfedern, und hochwertiger Feinsamt schmückt Ihr Pferd bei festlichen Veranstaltungen.

Schabracke

Die Schabracke für den Sportsattel ist rechteckig zugeschnitten und verläuft zur Flanke des Pferdes hin gerade oder leicht abgerundet. Verwendet werden dieselben Materialien wie für Satteldecken. Aufgrund ihrer Größe können auf der Schabracke Wappen und Embleme angebracht oder Startnummern aufgebügelt werden.

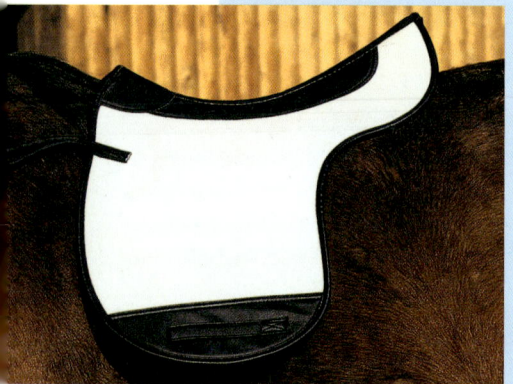

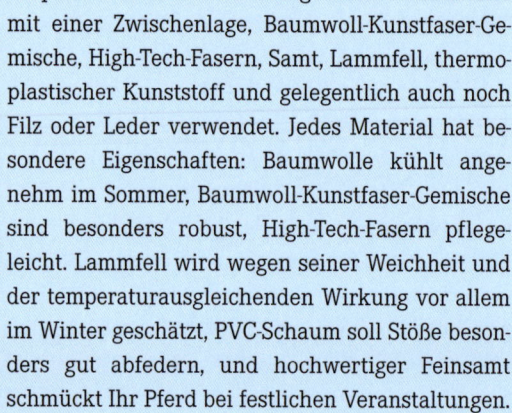

Satteldecke (oben). Schabracke (unten).

Befestigung/Widerrist-Schutzrollen

Ob Satteldecke oder Schabracke, beide sind vorn mit einer Gurtbandschlaufe für die erste Gurtstrippe ausgestattet; durch eine weitere Schlaufe unten wird der Sattelgurt gezogen. Eine Neuentwicklung sind weich geschäumte Widerrist-Schutzrollen. Sie erleichtern das Satteln und verhindern, dass der Sattel beim Reiten nach vorn oder hinten wandert. So wird schmerzhaften Satteldruckerkrankungen vorgebeugt.

Sattelzwischeneinlagen und Gel-Pads

Sattelzwischeneinlagen werden schon lange hergestellt – sie sollen den Pferderücken entlasten. Zunächst benutzte man einfache Schwammgummis in Keilform, die man in besondere Taschen in den Satteldecken schob. Diese Schwammgummis waren nicht sehr langlebig; sie wurden daher durch löffelförmige Einlagen aus 2 cm starkem Spezialgummi ersetzt. Noch moderner ist die formmodellierte Sattelzwischendecke aus hochelastischem, schockabsorbierendem High-Tech-Material.

Ebenfalls zu den Zwischeneinlagen zählt das Gel-Pad. Das klassische Gel-Pad besteht aus einer mit Gelmasse gefüllten Kunststoffhülle. Dieses Gel wurde in der Humanmedizin für Langzeit-Liegepatienten entwickelt, um sie vor dem Wundliegen zu bewahren. Ebenfalls gelartig sind neue Kunststoffe, die zu schabrackenähnlichen Sattelunterlagen verarbeitet werden. Sie erhöhen nicht nur den Reitkomfort, sondern haben sich auch bei Pferden mit Rückenproblemen, akuten Verletzungen und Vernarbungen bewährt.

Gel-Pads in den verschiedensten Ausführungen werden auch für Pferde empfohlen, die immer wieder an Hautirritation leiden. Einige Produkte können aufgrund ihrer Materialzusammensetzung sogar als Kühl- beziehungsweise Wärme-Element eingesetzt werden.

Western-Pad

Der Westernreiter benutzt eine dicke, rechteckige oder oval geformte Sattelunterlage für seinen schweren Sattel mit der großen Auflagefläche – ein so genanntes Pad (englisch: Polster, Kissen). Pads werden vorrangig aus Filz, Lamm- und Kunstfell oder Kunstfasern hergestellt und haben Leder- oder Spaltlederbesätze am Widerrist und in Höhe des Fenders. Im Übrigen machen sich auch die Westernausrüster die Erfahrungen der Humanmedizin zunutze. So gibt es seit neuestem Western-Pads aus Hohlfaserflor, einem klinisch auf Hautverträglichkeit getesteten Material. In Höhe der Bars (Trachten) sind Hohlräume eingearbeitet, in welche Stöße abfedernde Streifen eingeschoben werden.

Navajo-Decke

Navajo-Decken sind indianischen Vorbildern nachempfunden.

Aus optischen und praktischen Gründen kombinieren viele Westernreiter das Western-Pad mit einer Navajo-Decke. Dies ist eine von den nordamerikanischen Navajo-Indianern übernommene Form der Pferdedecke aus Baumwolle, Mischgewebe oder Wolle. Die attraktiven Decken gibt es in kräftigen ebenso wie in zarten Farbtönen und in vielen verschiedenen indianischen Mustern. Als alleinige Sattelunterlage sollte die Decke jedoch nicht verwendet werden, da sie den Pferderücken nicht ausreichend schützt.

Woilach

Natürlich können Sie auch eine normale Decke aus reiner Wolle als Sattelunterlage verwenden. Sie muss strapazierfähig, darf aber nicht flauschig sein (wie manche Kunstfasern). Früher benutzte man solche Unterlagen, Woilach genannt, für Kavalleriepferde. Die Decke wird, je nach ihren Abmessungen, sechs- bis neunfach gefaltet. Mit nach links und hinten herabhängenden offenen Seiten wird sie hoch in die Kammer des Sattels gezogen, um Druckstellen vorzubeugen. Nach dem Reiten wird sie auseinander gefaltet, ausgeschlagen und muss gut auslüften.

Sattelunterlagen im Überblick

- Sattelunterlagen schützen Pferd und Sattel.
- Bei Sportsätteln unterscheidet man von der Form her zwischen Satteldecke und Schabracke.
- Für Gebrauchssättel werden im Allgemeinen Pad und Navajo-Decke als Unterlage verwendet.
- Zusätzliche Sattelzwischenlagen aus modernen Kunststoffen oder gelartigen Materialien schonen besonders empfindliche Pferderücken.

Pflege der Sattelunterlagen

Die meisten Sattelunterlagen sind absolut pflegeleicht: Sie lassen sich im Schongang der Waschmaschine waschen. Für einige wenige – wie etwa echtes Lammfell – empfiehlt sich ein Spezialwaschmittel. Wichtig ist vor allem, dass Sie die Sattelunterlage nach dem Reiten aus dem Sattel ausknüpfen und tüchtig ausschlagen, um Staub, Fellhaare und Hautschüppchen zu entfernen. Dann hängen Sie sie zum Trocken und Auslüften auf.

Nach dem Reiten wird die Satteldecke zum Lüften aufgehängt.

Sattelpflege und -aufbewahrung

Der Sattel ist Ihr wertvollster Ausrüstungsgegenstand – seine sorgfältige Pflege ist deshalb besonders wichtig, auch, weil von seinem ordentlichen Zustand Ihr Leben abhängen kann! Kontrollieren Sie daher vor und nach jedem Ritt, ob alle Nähte intakt und die Kanten nirgendwo eingerissen sind oder ob Gurtstrippen und Bügelriemen brüchige Stellen

! Extratipp

Prüfen Sie regelmäßig nach, ob sich der linke Bügelriemen durchs Aufsitzen gedehnt hat. Wenig Sinn macht es, ihn gegen den rechten Riemen auszutauschen oder zusätzliche Löcher einzustanzen. Ihr Sitz wird unweigerlich schief, und durch die Fehlbelastung leidet auch der Pferderücken. Kaufen Sie also besser ein Paar stabile neue Riemen!

aufweisen. Bügelriemen sind besonders gefährdet, denn sie werden beim Reiten ständig mit Ihrem gesamten Körpergewicht belastet. Reiten Sie niemals mit defektem Sattel! Schnallen Sie beschädigte Teile aus – oder nehmen Sie den ganzen Sattel mit nach Hause. Lassen Sie ihn unverzüglich durch einen Fachmann reparieren (Ihr Reitsportausrüster kann Ihnen kompetente Fachleute nennen)!

Pflegemittel und ihre Anwendung

Für hochwertiges Leder benötigen Sie auch erstklassige Pflegemittel. Jedes Mittel hat besondere Eigenschaften:

Schönes Sattelzeug: Regelmäßige Pflege ist wichtig.

● *Sattelseife* wirkt reinigend und rückfettend, also pflegend. Sie gibt dem Leder das durch die Reinigung entzogene Eigenfett wieder zurück.

● Säurefreies *Lederöl* durchdringt sämtliche Schichten des Leders und macht es weich.

● *Lederfett* dringt in die oberste Lederschicht, pflegt sie und hält sie geschmeidig.

● *Lederwachs* konserviert die Oberfläche des Leders und schützt es vor Nässe und UV-Licht.

● Einfach zu handhaben sind *Kombi-Pflegeprodukte.* Sie verbinden die Vorteile von Lederfett und Lederwachs.

● Für die Metallteile an Sattel- und Zaumzeug empfiehlt sich statt flüssiger Metallpolitur (die leicht Flecken im Leder hinterlässt) imprägnierte, oxidationslösende *Polierwatte.*

! Was Sie sonst noch brauchen:

● Einen Eimer mit sauberem, lauwarmem Wasser.
● Eine Bürste mit nicht zu harten Borsten.
● Einen gut auswringbaren Schwamm.
● Ein feuchtes Tuch.
● Ein trockenes Tuch.
● Einen kleinen Ölpinsel.

Tägliche Sattelpflege

Spülen Sie das Gebiss des Zaumzeugs nach jedem Ritt unter fließendem Wasser gründlich ab. Getrocknete Futterreste lösen Sie im Wasserbad. Achten Sie aber darauf, dass die Lederteile möglichst nicht nass werden. Lösen Sie die Sattelunterlage aus ihren Befestigungsriemen, schlagen Sie sie aus und lassen Sie die Unterlage an der Luft trocknen.

Für die tägliche Reinigung genügen Wasser, Bürste, Schwamm und saubere Tücher.

! Bitte beachten!

Vielleicht benutzen Sie als Westernreiter ein Gebiss aus unbehandeltem Eisen – Sweet Iron. Dieses Material beginnt nach einiger Zeit zu rosten. Legen Sie das Sweet-Iron-Mundstück nach dem Abwaschen daher niemals über Ihren Sattel! Wird das Leder nass, entstehen durch eine chemische Reaktion zwischen Leder und Eisen hässliche schwarze Flecken, die sich nie wieder entfernen lassen!

Generalreinigung des Ledersattels

Von Zeit zu Zeit braucht Ihr Sattelzeug eine Generalüberholung.

● Legen Sie den Sattel dazu auf einen stabilen Bock oder einen breiten Anbindeholm.

● Nehmen Sie Gurt und Steigbügelriemen ab und reinigen Sie diese gründlich. Sowohl Metall- als auch lederne Westernbügel dürfen Sie dafür einweichen.

Wischen Sie alle Lederteile Ihres Sattels mit einem feuchten Tuch ab; so verhindern Sie, dass sich Staub- und Sandpartikel zwischen die Lederteile setzen und hier wie Schmirgelpapier die Lederoberfläche verletzen. Sättel aus High-Tech-Material müssen Sie nur mit einem Tuch abreiben. Reinigen Sie die Bügel mit einem Schwamm. Ledergurte wischen Sie feucht ab, verschmutzte Schnurengurte lassen Sie trocknen und bürsten die Schmutzreste anschließend ab. Reiben Sie den Sattel trocken ab und schützen Sie ihn mit einem Staubschutzüberzug.

Ab und zu dürfen Sie sparsam Lederöl verwenden.

● Trocknen Sie die Lederteile ab und tragen Sie die Sattelseife mit einem Schwamm in kreisenden Bewegungen auf.

● Ledergurte reinigen Sie mit Tuch, Schwamm und Sattelseife und fetten sie mit Lederfett ein. Schnurengurte bürsten Sie aus oder waschen sie – falls sie waschbar sind – daheim in der Waschmaschine.

● Wischen Sie alle Sattelteile feucht ab und tragen Sie auf die Glattlederteile Sattelseife auf. Wichtig: Sparen Sie alle Raulederteile aus – sie werden nur vorsichtig aufgebürstet!

● Fetten Sie das Leder mit einem guten Lederfett oder -wachs oder einem Kombi-Pflegeprodukt ein.

● Tragen Sie Lederöl nur sehr selten und dann ausschließlich auf dicke, feste Lederteile (wie Bügelriemen) auf, die geschmeidig gemacht werden sollen.

● Säubern Sie Metallteile und -beschläge mit Polierwatte.

● Polieren Sie den Sattel mit einem weichen, trockenen Tuch nach und bringen Sie Gurt, Bügelriemen und Bügel wieder an.

!

Zur Orientierung:

● Wann und wie oft Sie Ihr Sattelzeug gründlich reinigen müssen, ist eine Sache des Gefühls.

● Leder braucht immer dann besondere Pflege, wenn es verschmutzt oder ausgetrocknet ist oder wenn die Fettstoffe durch Regen ausgewaschen wurden.

Reinigung von High-Tech-Sätteln

Ölen, Wachsen, Fetten: Das können High-Tech-Sattelbesitzer vergessen! Sollte Ihr Sattel einmal sehr verschmutzt sein, waschen Sie ihn mit klarem Wasser und einer Bürste ab. Gegen verkrusteten Schmutz hilft ein Spritzer Wollwaschmittel im Wasser!

Sattelkammer

Der beste Ort für die Aufbewahrung von Sätteln ist eine gut ausgestattete Sattelkammer. Die ideale Raumtemperatur liegt zwischen zehn und 15 Grad Celsius. Damit das Leder nicht brüchig wird, müssen Sie in heißen Sommern gut lüften! Verfügt Ihre Sattelkammer über Fenster oder eine Heizung? Achten Sie darauf, dass Ihr Sattel weder direkter Sonneneinstrahlung ausgesetzt ist noch direkt neben der Heizquelle lagert! Der Grad der Luftfeuchtigkeit sollte zwischen 50 und 60 Prozent betragen. Stellen Sie den genauen Wert mit einem Hygrometer fest. In zu trockenen Räumen stellen Sie eine große, mit Wasser gefüllte Schüssel auf.

Das Klima in der Sattelkammer hat großen Einfluss auf die Haltbarkeit des Sattels.

Aufbewahrung zu Hause

Falls Sie Ihren Sattel jedes Mal mit nach Hause nehmen, sollten Sie an den Aufbewahrungsort dort dieselben Anforderungen stellen. Ein luftiger Abstellraum oder eine leicht temperierte Garage ist für die Lagerung sicher besser geeignet als ein muffig-feuchter Kellerraum. Sorgen Sie vor allem in schwülen Sommern für Zugluft, damit keine Schimmelpilze das Leder überziehen.

Sattelablage

Niemals darf Ihr Sattel achtlos auf dem Boden liegen oder so ungünstig gelagert werden, dass sich die Lederteile nachhaltig verformen und irreparable Schäden in Form von Narben davontragen. Am besten benutzen Sie eine der vom Fachhandel angebotenen Aufhängevorrichtungen. Sie werden in den richtigen Abständen über- und/oder nebeneinander in der Sattelkammer fest in den Seitenwänden oder der Rückwand des Stallschrankes verankert. Ein Sportsattel hat einen Platzbedarf von 55 cm in der Breite, 60 cm in der Tiefe und 50 cm in der Höhe. Ein Gebrauchssattel – zum Beispiel der Westernsattel – benötigt mehr Platz. Auf keinen Fall darf der Sattel beim Hineinbringen und Herausholen an andere Sättel stoßen oder gar an der Wand entlangschaben. Eine schöne, allerdings Platz raubende Alternative ist der frei im Raum stehende Sattelbock aus Holz. Er ist das Vorbild des modernen Stallcaddys – eines Metallbocks, der nicht nur ein bis drei Sättel, sondern auch das gesamte sonstige Reitzubehör einschließlich der Putzbox aufnimmt.

Sattelhalter können Sie an der Wand befestigen.

Diebstahlschutz

Jeder Sattel kostet Geld – auch ein gebrauchtes Stück aus zweiter Hand. Schützen Sie ihn daher vor Diebstahl. Entweder bringen Sie eine zusätzliche Kettensicherung mit einem stabilen Sperrschloss am Sattelholm an oder Sie kaufen einen der neuen verschließbaren Sattelhalter. Bewahren Sie alle mit dem Sattel zusammenhängenden Dokumente daheim auf: Kaufbeleg mit Herstellernamen, Farb- und Modellbezeichnung, Pflegehinweise und auch eine Quittung für das Aufpolstern oder sonstige Reparaturen. Jeder Markensattel ist heutzutage gekennzeichnet.

Der Sattelhersteller führt Buch darüber, an welchen Händler welcher Sattel geliefert wurde. Der Händler wiederum vermerkt Ihre Kundenanschrift. Wird Ihr Sattel gestohlen und wieder aufgefunden, können Sie als tatsächlicher Eigentümer Ihren Besitzanspruch durch Nennung dieser Nummer geltend machen. Bringen Sie zusätzlich eine individuelle Markierung an, die sich nur unter UV-Licht lesen lässt – dafür gibt es spezielle Stifte.

Brandschutz

Sorgen Sie dafür, dass die Sattelkammer oder der Raum, in dem sich der Stallschrank mit Ihrer Ausrüstung befindet, gegen Brandgefahr gesichert ist. Alle elektrischen Anlagen im Stall müssen den Vorschriften des VDE (Verband Deutscher Elektriker) entsprechen. Außerdem sollte sich in greifbarer Nähe ein Feuerpulverlöscher befinden.

Sattelböcke eignen sich vor allem für schwere Sättel.

Versicherungsschutz

Sollten Sie Ihren Sattel zu Hause aufbewahren, ist er durch Ihre Hausratversicherung gesichert. Der Versicherungsschutz (bis zu zehn Prozent der Versicherungssumme) gilt auch, wenn Ihre Reitsportausrüstung vorübergehend – jedoch höchstens bis zu drei Monate ununterbrochen – in Ihrem Reitbetrieb lagert.

Mit dem Sattel unterwegs

Reiter sind reiselustige Menschen! Als Turnier- oder Veranstaltungsteilnehmer starten sie mit Pferd und Hänger zum Wochenendwettkampf; als Wanderreiter lassen sie sich auf das Abenteuer einer Reise zu Pferd ein, bei der sie alles Gepäck am Sattel mitführen. Ihr Sattelzeug ist unterwegs größeren Strapazen ausgesetzt als zu Hause. Lassen Sie es nie achtlos auf dem Boden liegen. Hier verschmutzt es, verliert die Form und wird unter Umständen beschädigt. Achten Sie vielmehr auf eine möglichst breitflächige Lagerung – auf einem Holm, auf einer Sitzbank oder auf zwei zusammengestellten Stühlen. Falls Sie häufig Veranstaltungen besuchen, investieren Sie in einen zusammenfaltbaren Caddy: Er nimmt alle Utensilien samt Sattel auf und lässt sich gut im Auto verstauen. Oder bitten Sie einen Handwerker, Ihnen ein Gestell aus Holz nach Ihren eigenen Vorstellungen und Bedürfnissen zu bauen.

Auch unterwegs sollte Ihr Sattel nicht auf dem Boden lagern.

Schnellpflege

Alle Pflegeutensilien müssen Sie auf eine Reise im Sattel nicht mitnehmen. Schwamm, Bürste, Lappen und ein Kombi-Lederpflegeprodukt sind ausreichend. Bringen Sie den Sattel vor Ihrer Abreise tipptopp in Schuss. Reinigen Sie ihn unterwegs täglich, oder bei Bedarf, mit einem feuchten Tuch und polieren Sie ihn im Schnellverfahren. Nach Ihrer Rückkehr können Sie ihn, wenn nötig, noch einmal einer Generalreinigung unterziehen!

Es gibt erst-
klassige Sattel-
modelle »von
der Stange«.

Sattelkauf

Kauf von der Stange

Wie finden Sie Ihren Traumsattel? Sie können ihn nicht nur im Fachgeschäft, sondern auch per Katalog, Privatanzeige oder auf einer Messe kaufen. Vorher sollten Sie sich jedoch die Frage stellen, ob Sie es sich zutrauen, den Sattel sozusagen aus der Ferne und ohne fachliche Beratung auszusuchen? Ihr Pferd soll Sie und den Sattel leicht und freudig tragen. Es soll weder in seiner Beweglichkeit beeinträchtigt werden noch Druck- oder Scheuerstellen, geschweige denn Schädigungen des Bewegungsapparates davontragen. Ob ein Sattel diese Kriterien erfüllt, kann nur ein Fachmann beurteilen.

Reitgewohnheiten

Haben Sie Ihre Reitgewohnheiten hinterfragt? Vielleicht sind Sie ein »Allroundreiter«. Sie wollen Ihr Pferd auf dem Viereck gymnastizieren, kleine Sprünge überwinden, Wanderritte unternehmen und an Freizeitturnieren teilnehmen. Der Sattel muss nicht nur Ihnen Be-

! Bitte beachten:

Kataloge und Messen liefern Ihnen wertvolle Informationen. Hier können Sie sich über Modellformen, Materialien und Preise einen Überblick verschaffen. Zu Ihrem eigenen Wohl und dem Ihres Pferdes sollten Sie jedoch nur beim Fachhändler kaufen. Er kommt sicher gern mit einer Auswahl an Sätteln in Ihren Stall.

quemlichkeit bieten, sondern auch die fürs Pferd entstehenden unterschiedlichen Belastungsspitzen ausgleichen. Ihr Sattel muss daher zu Ihren Reitgewohnheiten passen. Ein Reining-Fan braucht einen anderen Sattel als der begeisterte Jagdreiter! Auch hier hilft Ihnen der Fachmann kompetent weiter.

Auswirkungen falscher Passform

Untersuchungen der letzten Jahre haben ergeben, dass viele Pferde mit Sätteln geritten werden, die ihnen nicht passen. Die falsche Passform, aber auch eine knollig gewordene Polsterung oder Schmutz und Fremdkörper unter dem Sattel rufen schmerzhafte Verletzungen hervor, den Satteldruck. Er kann sich in Form einer entzündlichen Schwellung, aber auch in einer offenen Wunde äußern. Wertvolle Hinweise, ob der Sattel passt, liefert Ihnen die Reaktion Ihres Pferdes: Zuckt es zusammen, wenn Sie seinen Rücken berühren, hat vielleicht der ungeliebte Sattel Schuld. Manch ein Pferd entwickelt auch Sattel- und Gurtzwang. Es wehrt sich, wenn Sie es satteln wollen, schnappt nach Ihnen, trippelt hin und her oder versucht sogar, sich hinzuwerfen. Aber wissen Sie auch, dass der unpassende Sattel Grund sein kann, dass Ihr Pferd sich unter Ihnen nicht vorwärts-abwärts dehnt? Dass es mit seiner Hinterhand nicht weit genug untertritt? Oder dass es vor allem und jedem scheut?

Checken Sie vor dem Kauf eines Sattels Ihre Reitgewohnheiten.

Passform-Überprüfung

Damit der Sattel wirklich zum Verwendungszweck sowie zu Ihrer Anatomie und der Ihres Pferdes passt, muss er genau sitzen. Die Passform kann man mit verschiedenen Methoden überprüfen.

Klassische Anpassmethode

Der geschulte Fachverkäufer beurteilt Ihr Pferd und wählt die Sättel aus, die diesem passen könnten. Der Sattelbaum muss Widerrist, Schulter, Ellbogen und Nieren Freiheit gewähren. Der Verkäufer benotet die Passform zunächst ohne Reiter, dann bittet er Sie, aufzusitzen und vorzureiten. Der tiefste Punkt des Sattels liegt in der Mitte, zwischen Vorder- und Hinterzwiesel. Er verteilt Ihr Gewicht über die gesamte Sattelbelastungsfläche. Außerdem kontrolliert der Verkäufer, ob die Sitzgröße zu Ihnen passt, das Verhältnis von Sattelblatt zu Beinlänge stimmt und Knie- sowie Wadenpauschung Ihnen bequem Halt geben. Ein geschulter Verkäufer kann sehr genau einschätzen, ob ein gut passender Sattel durch Veränderungen (Polsterkeile oder Rundpolster) noch weiter optimiert werden kann.

> ## ! Passt der Sattel?
>
> **Methoden der Passform-Überprüfung:**
>
> - Klassische Anpassmethode durch geschulte Fachverkäufer.
> - Sattelanprobe per Computeranalyse.
> - Messgerippe von Christoph Rieser.
> - Saddle Checker.

Klassische Anpassmethode: Der Verkäufer prüft den Sitz des Sattels.

Sattelanprobe per Computer

Seit einiger Zeit können Sie die Passgenauigkeit Ihres vorhandenen oder neuen Sattels durch computergestützte Messsysteme überprüfen lassen. Ihr Fachhändler kann ein solches System mieten oder kaufen. Bei dieser Messung wird Ihrem Pferd eine mit Drucksensoren ausgestattete Messmatte auf den Rücken gelegt, dann wird es gesattelt. Sobald Sie aufgesessen sind, werden die gemessenen Druckstärken an eine Datenbox übermittelt und an einen Computer weitergeleitet. Eine spezielle Software überträgt die Daten in eine farbige Computergrafik. Diese Grafik gibt Aufschluss über die Druckverteilung des Sattels und hilft dem Verkäufer einzuschätzen, ob der entsprechende Sattel Ihrem Pferd passt.

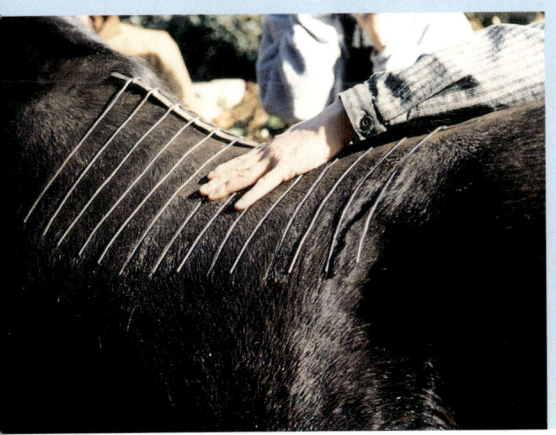

Messgerippe von Christoph Rieser

Das Messgerippe von Christoph Rieser (einem der bekanntesten Sattelbauer Europas) erfasst einfach, doch sehr genau die Anatomie des Pferderückens. Dieses Messgerippe wird dem Pferd aufgelegt. Es besteht aus einer Längsachse und 14 Querrippen.

Computergesteuerte Messsysteme (oben).

Messgerippe von Christoph Rieser (links).

Die Längsachse wird dem Rückenverlauf (der Oberlinie) folgend gebogen, die Querrippen werden entsprechend der Rippenwölbung geformt. Sie können mit dem Pferd zum Sattelbauer reisen, oder ein Messgerippe wird Ihnen zugesandt. Damit nehmen Sie Maß und fotografieren Ihr Pferd in verschiedenen vorgeschriebenen Positionen. Bei der Sattelherstellung ist das Messgerippe Ausgangsbasis für die Anpassung des Sattelbaums.

Saddle Checker

Die Messstäbe des Saddle-Checkers zeigen die Konturen des Pferderückens.

Kurz Saddle Checker wird ein patentiertes, von einem US-Trainer entwickeltes Messsystem genannt. Es besteht aus einem Metallgestell, in das in engen Abständen flexible, höhenverstellbare Ablesestäbe aus Fiberglas eingelassen sind. Auf die Sattellage des Pferdes aufgelegt, gleichen sich die Ablesestäbe den Konturen des Körpers an. Zur Speicherung werden sie mechanisch fixiert, sodass ein genaues Negativabbild des Pferderückens entsteht. Wird der Saddle Checker mit der Unterseite nach oben in den Sattel gelegt, lässt sich die Passform an dem zu starken oder fehlenden Kontakt zwischen Polster und Fiberglasstäben ablesen.

Maßanfertigung

Der Idealfall: Sie lassen sich einen Sattel maßanfertigen, der hundertprozentig zu Ihnen, Ihrem Pferd und Ihren Reitgewohnheiten passt. Der Sattlermeister zeigt Ihnen Mustersättel, misst Ihr Pferd – und natürlich Sie – aus, wählt den passenden Sattelbaum oder stellt einen Sattelbaum eigens für Ihr Pferd her. Die Lederteile werden sorgsam ausgewählt und zugeschnitten. Am traditionellen Näh-Ross werden alle Teile von Hand zusammengenäht. Nur Nähte, die nicht stark belastet werden, dürfen mit der Sattler-Nähmaschine gefertigt werden. Der Vorteil: Sie können Farbe und Lederart, Gurtung, Dekor und viele andere Elemente frei wählen!

Reklamation und Umtausch

Was aber, wenn der neu gekaufte Sattel doch nicht passt, Ihr Pferd Druckstellen bekommt oder sich offensichtlich unwohl fühlt? Ist der Sattel nicht beschädigt, können Sie ihn in den meisten Fällen binnen einer vorher festgesetzten Frist umtauschen. Einen Sattel aus zweiter Hand dürfen Sie meist sowieso ein paar Tage zur Probe mit in Ihren Stall nehmen. Selbstverständlich können Sie Defekte jederzeit reklamieren. Ist der Fachhändler oder Hersteller uneinsichtig, bleibt Ihnen noch der Gerichtsweg. Bei einem Prozess zieht der Richter einen Sattelgutachter hinzu, der den Sattel bezüglich Qualität und Passform untersucht.

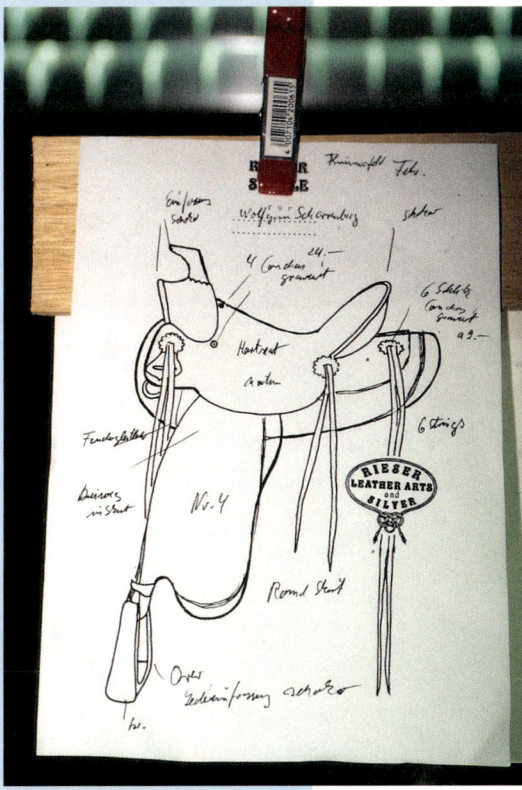

Maßanfertigung: Traumsattel nach Wunsch.

Auf einen Blick

Hier noch einmal ein kleiner Überblick, welcher Sattel für Ihre individuellen Wünsche und für Ihr Pferd geeignet sein könnte:

Sattelmodell	**Verwendungszweck**
Vielseitigkeitssattel	Dressur, Springen, Gelände, Jagd, kurze Wanderritte – normale Leistungsanforderung
Dressursattel	Dressur – normale bis hohe Leistungsanforderung, jedoch kein Springen, kein Gelände
Springsattel	Springen, Jagdreiten, kurze Geländeritte in schwierigem Geläuf und über Hindernisse
Gangpferdesattel	Dressur, Gangartenreiten (Tölt und Töltvarianten, Rennpass), weniger für lange Geländeritte, ungeeignet fürs Springen
Kinder- und Jugendsattel	als Vielseitigkeitsmodell für den jungen »Einsteiger« in allen Disziplinen
Westernsattel	als Freizeit-Geländemodell für leichte Dressurarbeit und Gelände, nur für kleine Geländehindernisse
Reining-Sattel	anspruchsvolle Westerndressur, weniger gut für Gelände- und Wanderritte
Australischer Stocksattel	leichte Dressurarbeit, Gelände, Wanderreiten, weniger fürs Springen
Armeesattel	Gelände- und Wanderritte
Trekking-Spezialsattel	lange Gelände- und Wanderritte
Camarguesattel	Dressur nach Art der Gardian-Reitweise, Gelände, wenig zum Springen geeignet

Sattelunterlage	Zubehör	Reitertyp
Satteldecke oder Schabracke	evtl. Vorgurt, Sicherheitsbügel	Freizeitreiter ohne Neigung zur Spezialisierung
Satteldecke oder Schabracke	normale Bügel	besonders am Dressurreiten interessierter Reiter
Satteldecke	Sicherheitsbügel	besonders am Springen und Geländereiten über Hindernisse interessierter Reiter
Satteldecke oder Schabracke	Spezial-Töltbügel	am Gangpferdereiten interessierter Freizeit- und Wettkampfreiter
Satteldecke oder Schabracke	Sicherheitsbügel, evtl. Schweifriemen	für den jungen Reitsporteinsteiger oder erste kleine Turniere
Pad oder Pad und Navajo-Decke	Vorgurt, Western-bügel	für den Allround-Freizeitreiter in Platz und Gelände
Pad	Westernbügel	für den ambitionierten Westernreiter in der Reitbahn
nicht zu dicke Satteldecke	Sicherheitsbügel	für den Allround-Freizeitreiter
gut zu kammernde Schabracke	Sicherheitsbügel	für den engagierten Wanderreiter
gut zu kammernde Schabracke oder Pad	Sicherheitsbügel, evtl. Schweifriemen	für den engagierten Wanderreiter
gut zu kammernde passende Schabracke	Korbbügel, Schweifriemen	für den Camarguepferdebesitzer und Anhänger der Gardian-Reitweise

Die Deutsche Bibliothek –
CIP-Einheitsaufnahme

Ein Titeldatensatz für diese Publikation ist bei Der Deutschen Bibliothek erhältlich

Bildnachweis
Christine Lange: Seiten 1, 2/3, 4 oben, 5, 6, 7, 10, 11, 12, 13, 14, 18, 19 oben, 20, 21, 23, 24, 25, 26, 31, 32, 33, 34, 35 unten, 36, 37, 38, 39, 40, 41, 42, 44 oben, 46, 47, 48, 49, 50, 52, 53, 54, 55, 56, 57, 58, 59, 60, 61, 62, 63
Lothar Lenz: Seiten 4 unten 9, 16, 17, 19 unten, 22, 27, 35 oben, 43, 44 unten
Umschlagfotos: Titelfoto: Lothar Lenz, Einklinker Titel v.l.n.r.: Ramona Dünisch, 2 × Lothar Lenz
Einklinker Rückseite v.l.n.r.: Ramona Dünisch, Lothar Lenz

Umschlaggestaltung: Studio Schübel, München
Layout: Parzhuber & Partner, München
Redaktion: Renate Hausdorf
Satz und Herstellung: Renate Hausdorf
Lektorat: Claudia Daiber

BLV Verlagsgesellschaft mbH München Wien Zürich
80797 München

© 2001 BLV Verlagsgesellschaft mbH, München

Druck: Appl, Wemding
Bindung: Auer, Donauwörth

Printed in Germany · ISBN 3-405-16085-5